Impressum
Verlag: BABADADA GmbH, Nedderfeld 112 , 22529 Hamburg
Geschäftsführer / Verlagsleitung: Harald Hof
Druck: Books on Demand GmbH, In de Tarpen 42, 22848 Norderstedt

Imprint
Publisher: BABADADA GmbH, Nedderfeld 112 , 22529 Hamburg, Germany
Managing Director / Publishing direction: Harald Hof
Print: Books on Demand GmbH, In de Tarpen 42, 22848 Norderstedt

el aula
classroom

dividir
divide

186/2

la pizarra
board

el patio
school yard

el maestro/a
teacher

el papel
paper

escribir
write

el bolígrafo
pen

el escritoria
desk

la regla
ruler

el libro
book

el alumno/a
pupil

la cartera

satchel

la caja de lápices

pencil case

el lápiz

pencil

el sacapuntas

pencil sharpener

la goma de borrar

rubber

el cuaderno de dibujo

drawing pad

el dibujo

drawing

el pincel

paintbrush

la caja de pinturas

paint box

las tijeras

scissors

el pegamento

glue

el cuaderno de ejercicios

exercise book

los deberes

homework

el número

number

sumar

add

restar

subtract

multiplicar

multiply

calcular

calculate

la letra

letter

el alfabeto

alphabet

la palabra

word

el texto

text

leer

read

la tiza

chalk

la lección

lesson

el cuaderno de notas

register

el examen

exam

el certificado

certificate

el uniforme

school uniform

la educación

education

la enciclopedia

encyclopedia

la universidad

university

el microscopio

microscope

el mapa

map

la papelera

waste-paper basket

el hotel
hotel

el albergue
hostel

oficina de cambio de divisas
bureau de change

la maleta
suitcase

el coche
car

el idioma
language

sí / no
yes / no

Vale
Okay

hola
hello

el traductor
translator

Gracias
Thank you

¿cuánto es...?

how much is...?

No entiendo

I do not understand

el problema

problem

¡Buenas tardes!

Good evening!

¡Buenos días!

Good morning!

¡Buenas noches!

Good night!

adiós

bye bye

la dirección

direction

el equipaje

luggage

la bolsa

bag

la mochila

backpack

el invitado

guest

la habitación

room

el saco de dormir

sleeping bag

la tienda de campaña

tent

la información turística

tourist information

la playa

beach

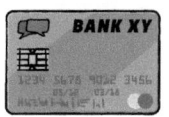

la tarjeta de crédito

credit card

el desayuno

breakfast

el almuerzo

lunch

la cena

dinner

el billete

ticket

el ascensor

lift

el sello

stamp

la frontera

border

la aduana

customs

la embajada

embassy

la visa

visa

el pasaporte

passport

el avión
aeroplane

el barco
ship

el coche de bomberos
fire engine

el camión
truck

el autobús
bus

la lancha a motor
motorboat

la bicicleta
bike

el coche
car

el transbordador
ferry

la barca
boat

la moto
motorbike

el coche de policía
police car

el coche de carreras
racing car

el coche de alquiler
rental car

el préstamo de vehículos

car sharing

la grúa

breakdown truck

el camión de la basura

refuse truck

el motor

motor

la gasolina

fuel

la gasolinera

petrol station

la señal de tráfico

traffic sign

el tráfico

traffic

el atasco

traffic jam

el aparcamiento

car park

la estación de tren

train station

las vías

tracks

el tren

train

el tranvía

tram

el vagón

carriage

el helicóptero

helicopter

el aeropuerto

airport

la torre

tower

el pasajero

passenger

el contenedor

container

la caja de cartón

carton

la carretilla

cart

la cesta

basket

despegar / aterrizar

take off / land

la ciudad

city

el pueblo

village

el centro de la ciudad

city centre

la casa

house

el cine
cinema

el anuncio
advert

la farola
street lamp

CINEMA

la calle
street

el taxi
taxi

el quiosco
snack shop

el peatón
pedestrian

la acera
pavement

el paso de cebra
zebra crossing

contenedor de basura

el cruce
crossing

el semáforo
traffic lights

la cabaña

hut

el apartamento

flat

la estación de tren

train station

el ayuntamiento

town hall

el museo

museum

la escuela

school

la ciudad - city

11

la universidad

university

el banco

bank

el hospital

hospital

el hotel

hotel

la farmacia

pharmacy

la oficina

office

la librería

book shop

la tienda de campaña

shop

la floristería

florist's

el supermercado

supermarket

el mercado

market

los grandes almacenes

department store

la pescadería

fishmonger's

el centro comercial

shopping centre

el puerto

harbour

el parque
park

el banco
bench

el puente
bridge

las escaleras
stairs

el metro
underground

el túnel
tunnel

la parada de autobús
bus stop

el bar
bar

el restaurante
restaurant

el buzón
postbox

el poste indicador
street sign

el parquímetro
parking meter

el zoo
zoo

la piscina
swimming pool

la mezquita
mosque

la granja

farm

la contaminación

pollution

el cementerio

graveyard

la iglesia

church

el patio de juego

playground

el templo

temple

el paisaje
landscape

la hoja
leaf

la señal
signpost

el camino
way

el prado
meadow

la piedra
stone

el árbol
tree

el excursionista
hiker

el río
river

la hierba
grass

la flor
flower

el valle

valley

la colina

hill

el lago

lake

el bosque

forest

el desierto

desert

el volcán

volcano

el castillo

castle

el arcoíris

rainbow

el champiñón

mushroom

la palmera

palm tree

el mosquito

mosquito

la mosca

fly

la hormiga

ant

la abeja

bee

la araña

spider

el escarabajo

beetle

la rana

frog

la ardilla

squirrel

el erizo

hedgehog

la liebre

hare

la lechuza

owl

el pájaro

bird

el cisne

swan

el jabalí

boar

el ciervo

deer

el alce

moose

la presa

dam

la turbina eólica

wind turbine

el panel solar

solar panel

el clima

climate

el camarero
waiter

el menú
menu

la silla
chair

la sopa
soup

la pizza
pizza

la cubertería
cutlery

el mantel
tablecloth

el primer plato
starter

el plato principal
main course

el postre
dessert

las bebidas
drinks

la comida
food

la botella
bottle

la comida rápida

fast food

la comida callejera

street food

la tetera

teapot

el azucarero

sugar bowl

la porción

portion

la cafetera expreso

espresso machine

la trona

high chair

la cuenta

bill

la bandeja

tray

el cuchillo

knife

el tenedor

fork

la cuchara

spoon

la cucharilla

teaspoon

la servilleta

serviette

el vaso

glass

el plato

plate

el plato hondo

soup plate

el platillo

saucer

la salsa

sauce

el salero

salt pot

el molinillo de pimienta

pepper mill

el vinagre

vinegar

el aceite

oil

las especias

spices

el ketchup

ketchup

la mostaza

mustard

la mayonesa

mayonnaise

la oferta especial
special offer

el cliente
customer

los lácteos
dairy

la fruta
fruit

el carro de compra
trolley

FOR

la carniceria

butcher´s

la panadería

baker´s

pesar

weigh

las verduras

vegetables

la carne

meat

los alimentos congelados

frozen food

los fiambres

cold meat

las conservas

tinned food

el detergente en polvo

washing powder

los dulces

sweets

productos de uso doméstico

household products

productos de limpieza

cleaning products

la vendedora

salesperson

la caja de cartón

till

el cajero

cashier

la lista de la compra

shopping list

el horario de atención al público

opening hours

la cartera

wallet

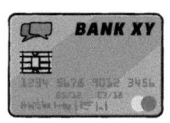

la tarjeta de crédito

credit card

la bolsa de plástico

bag

la bolsa de plástico

plastic bag

las bebidas

drinks

el agua

water

el zumo

juice

la leche

milk

la cola

coke

el vino

wine

la cerveza

beer

el alcohol

alcohol

el cacao

cocoa

el té

tea

el café

coffee

el expreso

espresso

el capuchino

cappuccino

el plátano

banana

la manzana

apple

la naranja

orange

el melón

melon

el limón

lemon

la zanahoria

carrot

el ajo

garlic

el bambú

bamboo

la cebolla

onion

el champiñón

mushroom

las avellanas

nuts

los fideos

noodles

las espagueti

spaghetti

el arroz

rice

la ensalada

salad

las patatas fritas

chips

las patatas fritas

fried potatoes

la pizza

pizza

la hamburguesa

hamburger

el sándwich

sandwich

el filete

cutlet

el jamón

ham

le salami

salami

la salchicha

sausage

el pollo

chicken

el asado

roast

el pescado

fish

los copos de avena

porridge oats

el muesli

muesli

los copos de maíz

cornflakes

la harina

flour

el cruasán

croissant

el panecillo

bread roll

el pan

bread

la tostada

toast

las galletas

biscuits

la mantequilla

butter

la cuajada

curd

el pastel

cake

el huevo

egg

el huevo frito

fried egg

el queso

cheese

el helado

ice cream

el azúcar

sugar

la miel

honey

la mermelada

jam

la crema de turrón

chocolate spread

el curry

curry

la granja
farmhouse

el granero
barn

el fardo de paja
straw bale

el campo
field

el caballo
horse

el remolque
trailer

el potro
foal

el tractor
tractor

el burro
donkey

la oveja
sheep

el cordero
lamb

la cabra
goat

la vaca
cow

el ternero
calf

el cerdo
pig

el cerdito
piglet

el toro
bull

el ganso

goose

el pato

duck

el pollo

chick

la gallina

hen

el gallo

cock

la rata

rat

el gato

cat

el ratón

mouse

el buey

ox

el perro

dog

la perrera

doghouse

la manguera

garden hose

la regadera

watering can

la guadaña

scythe

el arado

plough

la hoz
sickle

la azada
hoe

la horca
pitchfork

el hacha
axe

la carretilla
wheelbarrow

el abrevadero
trough

la lechera
milk can

el saco
sack

la valla
fence

el establo
stable

el invernadero
greenhouse

el suelo
soil

la semilla
seed

el fertilizador
fertilizer

la cosechadora
combine harvester

cosechar

harvest

la cosecha

harvest

el ñame

yams

el trigo

wheat

el soja

soy

la patata

potato

el maíz

corn

la semilla de colza

rapeseed

el árbol frutal

fruit tree

la mandioca

cassava

las cereales

cereals

la chimenea
chimney

el tejado
roof

el canalón
drainpipe

la ventana
window

el garaje
garage

el timbre
doorbell

la puerta
door

el cubo de basura
rubbish bin

el buzón
letterbox

el jardín
garden

la sala
living room

el cuarto de baño
bathroom

la cocina
kitchen

el dormitorio
bedroom

la habitación de los niños

child's room

el comedor
dining room

el suelo

floor

la pared

wall

el techo

ceiling

el sótano

cellar

la sauna

sauna

el balcón

balcony

la terraza

terrace

la piscina

pool

el cortacésped

lawn mower

la sábana

sheet

la colcha

bedspread

la cama

bed

la escoba

broom

el balde

bucket

el interruptor

switch

el papel pintado
wallpaper

la imagen
picture

la lámpara
lamp

el estante
shelf

el armario
cupboard

la chimenea
fireplace

la televisión
television

la flor
flower

el cojín
cushion

el sofá
sofa

el jarrón
vase

el mando a distancia
remote control

la alfombra
carpet

la cortina
curtain

la mesa
table

la silla
chair

el mecedora
rocking chair

la butaca
armchair

el libro

book

la manta

blanket

la decoración

decoration

la leña

firewood

la película

film

el equipo de música

hi-fi equipment

la llave

key

el periódico

newspaper

la pintura

painting

el póster

poster

la radio

radio

el cuaderno

notepad

la aspiradora

hoover

el cactus

cactus

la vela

candle

el refrigerador
fridge

el microondas
microwave oven

la balnza de cocina
kitchen scales

la tostadora
toaster

el detergente
detergent

el congelador
freezer

el horno
oven

el cubo de basura
rubbish bin

el lavavajillas
dishwasher

la olla a presión
cooker

la olla
pot

la olla de hierro fundido
cast-iron pot

el wok
wok / kadai

la cazuela
pan

el hervidor
kettle

la vaporera

steamer

la chapa de horno

baking tray

la vajilla

crockery

la taza

mug

el tazón

bowl

los palillos

chopsticks

el cucharón

ladle

la espumadera

spatula

el batidor

whisk

el colador

strainer

el cedazo

sieve

el rallador

grater

el mortero

mortar

la barbacoa

barbecue

la hoguera

open fire

la tabla de picar

chopping board

el rodillo

rolling pin

el sacacorchos

corkscrew

la lata

can

el abrelatas

can opener

el agarrador

pot holder

el lavabo

sink

el cepillo

brush

la esponja

sponge

la batidora

blender

el congelador

deep freezer

el biberón

baby bottle

el grifo

tap

la calefacción
heating

la ducha
shower

la toalla
towel

la cortina de la ducha
shower curtain

el baño de espuma
bubble bath

la bañera
bathtub

el vaso
glass

la lavadora
washing machine

el grifo
tap

las baldosas
tiles

el orinal
potty

el lavabo
sink

el inodoro
toilet

el inodoro rústico
squat toilet

el bidé
bidet

el urinario
urinal

el papel higiénico
toilet paper

la escobilla del váter
toilet brush

el cepillo de dientes

toothbrush

la pasta de dientes

toothpaste

el hilo dental

dental floss

lavar

wash

la ducha de mano

handheld shower

la ducha íntima

douche

la pila

basin

el cepillo de espalda

back brush

el jabón

soap

el gel de ducha

shower gel

el champú

shampoo

la toallita

flannel

el desagüe

drain

la crema

cream

el desodorante

deodorant

el espejo

mirror

el espejo de tocador

hand mirror

la maquinilla de afeitar

razor

la espuma de afeitar

shaving foam

la loción postafeitado

aftershave

el peine

comb

el cepillo

brush

el secador

hair dryer

la laca

hairspray

el maquillaje

makeup

el pintalabios

lipstick

el pintauñas

nail varnish

el algodón

cotton wool

el cortauñas

nail scissors

el perfume

perfume

el estuche de viaje

washbag

la banqueta

stool

la balanza

weighing scale

el albornoz

bathrobe

los guantes de goma

rubber gloves

el tampón

tampon

la compresa

sanitary towel

el inodoro químico

chemical toilet

el despertador
alarm clock

el peluche
cuddly toy

el coche de juguete
toy car

el sonajero
rattle

la casa de muñecas
doll's house

el regalo
present

el globo

balloon

la cama

bed

el coche de niño

pram

los naipes

deck of cards

el puzle

jigsaw

el tebeo

comic

las piezas de lego

lego bricks

los bloques de juguete

building blocks

la figura de acción

action figure

el bodi (de bebé)

babygrow

el frisbee

frisbee

el colgador móvil para bebés

mobile

el juego de mesa

board game

los dados

dice

el circuito de tren eléctrico

model train set

el maniquí

dummy

la fiesta

party

el álbum de fotos

picture book

la pelota

ball

la muñeca

doll

jugar

play

el cajón de arena

sandpit

el columpio

swing

los juguetes

toys

la videoconsola

video game console

el triciclo

tricycle

el oso de peluche

teddy bear

la guardarropa

wardrobe

la ropa

clothing

los calcetines

socks

las medias

stockings

los leotardos

tights

la bufanda
scarf

el paraguas
umbrella

la camiseta
t-shirt

el cinturón
belt

las botas
boots

las zapatillas
slippers

las deportivas
trainers

las sandalias

sandals

los zapatos

shoes

las botas de goma

rubber boots

el slip

underpants

el sostén

bra

el chaleco

vest

el bodi

body

los pantalones cortos

trousers

los vaqueros

jeans

la falda

skirt

la blusa

blouse

la camisa

shirt

el jersey

pullover

el suéter

hoodie

el blazer

blazer

la chaqueta

jacket

el abrigo

coat

la gabardina

raincoat

el traje

costume

el vestido

dress

el vestido de novia

wedding dress

el traje

suit

el camisón

nightgown

el pijama

pyjamas

el sati

sari

el bandana

headscarf

el turbante

turban

la burka

burqa

el caftán

kaftan

la abaya

abaya

el traje de baño

swimsuit

el bañador

trunks

los pantalones cortos

shorts

el chándal

tracksuit

el delantal

apron

los guantes

gloves

la ropa - clothing

el botón

button

las gafas

glasses

el brazalete

bracelet

el collar

necklace

el anillo

ring

el pendiente

earring

la gorra

cap

la percha

coat hanger

el sombrero

hat

la corbata

tie

la cremallera

zip

el casco

helmet

los tirantes

braces

el uniforme

school uniform

el uniforme

uniform

el babero
bib

el maniquí
dummy

el pañal
nappy

la oficina
office

el servidor
server

el archivo
filing cabinet

la impresora
printer

el papel
paper

el monitor
monitor

el escritoria
desk

el ratón
mouse

la carpeta
folder

el teclado
keyboard

la papelera
waste-paper basket

el ordenador
computer

la silla
chair

la taza de café
coffee mug

la calculadora
calculator

el internet
internet

el portátil

laptop

la carta

letter

el mensaje

message

el móvil

mobile

la red

network

la fotocopiadora

photocopier

el software

software

el teléfono

telephone

la toma de corriente

plug socket

el fax

fax machine

el formulario

form

el documento

document

comprar

buy

pagar

pay

comerciar

trade

el dinero

money

 USD

el dólar

dollar

 EUR

el euro

euro

 JPY

el yen

yen

 RUB

el rublo

rouble

 CHF

el franco suizo

Swiss franc

 CNY

el renminbi yuan

renminbi yuan

 INR

la rupia

rupee

el cajero automático

cashpoint

la oficina de cambio de divisas
bureau de change

el oro
gold

la plata
silver

el petróleo
oil

la energía
energy

el precio
price

el contrato
contract

el impuesto
tax

la acción
stock

trabajar
work

el empleador
employee

el empleador
employer

la fábrica
factory

la tienda de campaña
shop

el agente de policía
police officer

el bombero
fireman

el cocinero
cook

el médico
doctor

el piloto
pilot

el jardinero

gardener

el carpintero

carpenter

la costurera

seamstress

el juez

judge

el farmacéutico

chemist

el actor

actor

el conductor de autobús

bus driver

el taxista

taxi driver

el pescador

fisherman

la señora de la limpieza

cleaning lady

el techador

roofer

el camarero

waiter

el cazador

hunter

el pintor

painter

el panadero

baker

el electricista

electrician

el obrero

builder

el ingeniero

engineer

el carnicero

butcher

el fontanero

plumber

el cartero

postman

el soldado

soldier

el arquitecto

architect

el cajero

cashier

el florista

florist

el peluquero

hairdresser

el revisor

conductor

el mecánico

mechanic

el capitán

captain

el dentista

dentist

el científico

scientist

el rabino

rabbi

el imán

imam

el monje

monk

el sacerdote

clergyman

el martillo
hammer

los alicates
pliers

el destornillador
screwdriver

la llave
spanner

la linterna
torch

la excavadora
digger

la caja de herramientas
toolbox

la escalera de mano
ladder

la sierra
saw

los clavos
nails

el taladro
drill

reparar
repair

la pala
shovel

¡Maldita sea!
Damn!

el recogedor
dustpan

el bote de pintura
paint pot

los tornillos
screws

los instrumentos musicales
musical instruments

la batería
drum kit

el altavoz
loudspeaker

la guitarra
guitar

el contrabajo
double bass

la trompeta
trumpet

el piano

piano

el violín

violin

bajo

bass

los timbales

timpani

el tambor

drums

el teclado

keyboard

el saxofón

saxophone

la flauta

flute

el micrófono

microphone

la entrada
entrance

el tigre
tiger

la jaula
cage

la cebra
zebra

el pienso
animal feed

el panda
panda

los animales
animals

el elefante
elephant

el canguro
kangaroo

el rinoceronte
rhino

el gorila
gorilla

el oso
bear

el camello

camel

el avestruz

ostrich

el león

lion

el mono

monkey

el flamingo

flamingo

el loro

parrot

el oso polar

polar bear

el pingüino

penguin

el tiburón

shark

el pavo real

peacock

la serpiente

snake

el cocodrilo

crocodile

el guardián de zoológico

zookeeper

la foca

seal

el jaguar

jaguar

el poni

pony

el leopardo

leopard

el hipopótamo

hippo

la jirafa

giraffe

el águila

eagle

el jabalí

boar

el pescado

fish

la tortuga

turtle

la morsa

walrus

el zorro

fox

la gacela

gazelle

el fútbol americano
American football

el ciclismo
cycling

el tenis
tennis

el baloncesto
basketball

la natación
swimming

el boxeo
boxing

el hockey sobre hielo
ice hockey

el fútbol

football

el bádminton

badminton

el atletismo

athletics

el balonmano

handball

el esquí

skiing

el polo

polo

reír
laugh

saltar
jump

abrazar
hug

caminar
walk

cantar
sing

soñar
dream

rezar
pray

besar
kiss

escribir
write

dibujar
draw

mostrar
show

empujar
push

dar
give

tomar
take

tener

have

hacer

do

ser

be

estar de pie

stand

correr

run

tirar

pull

tirar

throw

caer

fall

yacer

lie

esperar

wait

llevar

carry

estar sentado

sit

vestirse

get dressed

dormir

sleep

despertar

wake up

mirar

look at

llorar

cry

acariciar

stroke

peinar

comb

hablar

talk

entender

understand

preguntar

ask

escuchar

listen

beber

drink

comer

eat

ordenar

tidy up

amar

love

cocinar

cook

conducir

drive

volar

fly

navegar

sail

calcular

calculate

leer

read

aprender

learn

trabajar

work

casarse

marry

coser

sew

cepillarse los dientes

brush teeth

matar

kill

fumar

smoke

enviar

send

la abuela
grandmother

el abuelo
grandfather

el padre
father

la madre
mother

el bebé
baby

la hija
daughter

el hijo
son

el invitado

guest

la tía

aunt

el tío

uncle

el hermano

brother

la hermana

sister

la frente
forehead

el ojo
eye

el hombro
shoulder

el dedo
finger

la cara
face

la barbilla
chin

la mano
hand

el pecho
breast

la pierna
leg

el brazo
arm

el bebé

baby

el hombre

man

la mujer

woman

la chica

girl

el chico

boy

la cabeza

head

la espalda

back

el vientre

belly

el ombligo

belly button

el dedo del pie

toe

el talón

heel

el hueso

bone

la cadera

hip

la rodilla

knee

el codo

elbow

la nariz

nose

el trasero

bottom

la piel

skin

la mejilla

cheek

el oído

ear

el labio

lip

el cuerpo - body

la boca

mouth

el diente

tooth

la lengua

tongue

el cerebro

brain

el corazón

heart

el músculo

muscle

el pulmón

lung

el hígado

liver

el estómago

stomach

los riñones

kidneys

el sexo

sex

el condón

condom

el ovario

ovum

el semen

semen

el embarazo

pregnancy

la menstruación

menstruation

la vagina

vagina

el pene

penis

la ceja

eyebrow

el pelo

hair

el cuello

neck

el hospital
hospital

la ambulancia
ambulance

la silla de ruedas
wheelchair

la fractura
fracture

el médico

doctor

la sala de urgencias

emergency room

la enfermera

nurse

la urgencia

emergency

inconsciente

unconscious

el dolor

pain

la lesión

injury

la hemorragia

bleeding

el infarto

heart attack

el ictus

stroke

la alergia

allergy

la tos

cough

la fiebre

fever

la gripe

flu

la diarrea

diarrhoea

el dolor de cabeza

headache

el cáncer

cancer

la diabetes

diabetes

el cirujano

surgeon

el bisturí

scalpel

la operación

operation

TAC

CT

los rayos x

x-ray

el ultrasonido

ultrasound

la mascarilla

face mask

la enfermedad

disease

la sala de espera

waiting room

la muleta

crutch

la tirita

plaster

la venda

bandage

la inyección

injection

el estetoscopio

stethoscope

la camilla

stretcher

el termómetro

clinical thermometer

el nacimiento

birth

el sobrepeso

overweight

el audífono

hearing aid

el desinfectante

disinfectant

la infección

infection

el virus

virus

VIH / SIDA

HIV / AIDS

la medicina

medicine

la vacunación

vaccination

las tabletas

tablets

la pastilla

pill

la llamada de urgencia

emergency call

el tensiómetro

blood pressure monitor

enfermo / sano

ill / healthy

¡Socorro!

Help!

la alarma

alarm

el asalto

assault

el ataque

attack

el peligro

danger

la salida de emergencia

emergency exit

¡Fuego!

Fire!

el extintor de incendios

fire extinguisher

el accidente

accident

el botiquín de primeros
auxilios

first-aid kit

SOS

SOS

la policía

police

Europa

Europe

Norteamérica

North America

Sudamérica

South America

África

Africa

Asia

Asia

Australia

Australia

el atlántico

Atlantic

el Pacífico

Pacific

el Océano Índico

Indian Ocean

el Océano Antártico

Antarctic Ocean

el Océano Ártico

Arctic Ocean

el polo norte

North Pole

el polo sur

South Pole

La Antártida

Antarctica

la tierra

Earth

la tierra

land

el mar

sea

la isla

island

la nación

nation

el estado

state

la esfera

clock face

la manecilla de las horas

hour hand

el minutero

minute hand

el segundero

second hand

¿Qué hora es?

What time is it?

el día

day

el tiempo

time

ahora

now

el reloj digital

digital watch

el minuto

minute

la hora

hour

la semana

week

lunes
Monday

miércoles
Wednesday

viernes
Friday

martes
Tuesday

jueves
Thursday

sábado
Saturday

domingo
Sunday

ayer

yesterday

hoy

today

mañana

tomorrow

la mañana

morning

el mediodía

noon

la tarde

evening

los días laborables

business days

el fin de semana

weekend

la lluvia
rain

el arcoíris
rainbow

la nieve
snow

el viento
wind

la primavera
spring

el otoño
autumn

el verano
summer

el invierno
winter

el pronóstico del tiempo

weather forecast

el termómetro

thermometer

el sol

sunshine

la nube

cloud

la niebla

fog

la humedad

humidity

el rayo

lightning

el trueno

thunder

la tormenta

storm

el granizo

hail

el monzón

monsoon

la inundación

flood

el hielo

ice

enero

January

febrero

February

marzo

March

abril

April

mayo

May

junio

June

julio

July

agosto

August

septiembre
September

octubre
October

noviembre
November

diciembre
December

las formas
shapes

el círculo
circle

el cuadrado
square

el rectángulo
rectangle

el triángulo
triangle

la esfera
sphere

el cubo
cube

blanco

white

amarillo

yellow

anaranjado

orange

rosa

pink

rojo

red

morado

purple

azul

blue

verde

green

marrón

brown

gris

grey

negro

black

mucho / poco

a lot / a little

enojado / tranquilo

angry / calm

bonito / feo

beautiful / ugly

principio / fin

beginning / end

grande / pequeño

big / small

claro / oscuro

bright / dark

el hermano / la hermana

brother / sister

limpio / sucio

clean / dirty

completo / incompleto

complete / incomplete

el día / la noche

day / night

muerto / vivo

dead / alive

ancho / estrecho

wide / narrow

comestible / no comestible

edible / inedible

malo / amable

evil / kind

entusiasmado / aburrido

excited / bored

gordo / delgado

fat / thin

primero / último

first / last

el amigo / el enemigo

friend / enemy

lleno / vacío

full / empty

duro / blando

hard / soft

pesado / ligero

heavy / light

el hambre / la sed

hunger / thirst

enfermo / sano

ill / healthy

ilegal / legal

illegal / legal

inteligente / tonto

intelligent / stupid

izquierda / derecha

left / right

cerca / lejos

near / far

nuevo / usado
new / used

nada / algo
nothing / something

viejo / joven
old / young

encendido / apagado
on / off

abierto / cerrado
open / closed

silencioso / ruidoso
quiet / loud

rico / pobre
rich / poor

correcto / incorrecto
right / wrong

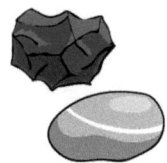

áspero / suave
rough / smooth

triste / contento
sad / happy

corto / largo
short / long

lento / rápido
slow / fast

húmedo / seco
wet / dry

cálido / frío
warm / cool

guerra / paz
war / peace

0

cero

zero

1

uno

one

2

dos

two

3

tres

three

4

cuatro

four

5

cinco

five

6

seis

six

7

siete

seven

8

ocho

eight

9

nueve

nine

10

diez

ten

11

once

eleven

12

doce

twelve

13

trece

thirteen

14

catorce

fourteen

15

quince

fifteen

16

dieciséis

sixteen

17

diecisiete

seventeen

18

dieciocho

eighteen

19

diecinueve

nineteen

20

veinte

twenty

100

cien

hundred

1.000

mil

thousand

1.000.000

el millón

million

el inglés

English

el inglés americano

American English

el chino madarín

Chinese Mandarin

el hindi

Hindi

el español

Spanish

el francés

French

el árabe

Arabic

el ruso

Russian

el portugués

Portuguese

el bengalí

Bengali

el alemán

German

el japonés

Japanese

yo

I

tú

you

él / ella / ello

he / she / it

nosotros/as

we

vosotros/as

you

ellos/as

they

¿quién?

who?

¿qué?

what?

¿cómo?

how?

¿dónde?

where?

¿cuándo?

when?

el nombre

name

detrás

behind

en

in

delante de

in front of

por encima de

over

sobre

on

debajo de

under

junto a

beside

entre

between

el lugar

place